AF276958

SÉNECA, SÓCRATES Y DEMÁS

FILÓSOFOS EN LA ÓPERA

WOLFGANG MOLKOW

TRADUCCIÓN DE ROBERTO VIVERO

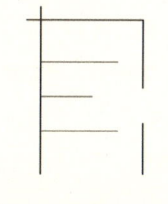

Ápeiron Ediciones

2024

SÉNECA, SÓCRATES Y DEMÁS
FILÓSOFOS EN LA ÓPERA

WOLFGANG MOLKOW

tritono

1.ª edición, 2024

© Del texto, Wolfgang Molkow
© De la traducción, Roberto Vivero
© Ápeiron Ediciones
C/ Príncipe de Vergara, n.º 132, planta 9
28002   Madrid
Tfno. (+34) 611 00 28 41
E-mail: info@apeironediciones.com
http://www.apeironediciones.com/

Diseño y maquetación: Ápeiron Ediciones
Imagen de portada: Luca Penni, *Sócrates y Xantipa* (ca. 1550). Fuente: Wikipedia
Imágenes del interior: todas proceden de Wikipedia y Wikimedia Commons con excepción de la ilustración de Wilhelm Busch. (Para el origen de esta, véase nota al pie de página correspondiente)

Papel procedente de fuentes responsables

ISBN: 978-84-129002-8-6
Depósito legal: M-15928-2024

ÍNDICE

PRÓLOGO DE LOS SABIOS

¿Qué hacen en la ópera las venerables filas de los pensadores de la Antigüedad? Si hacemos caso al adagio latino «*si tacuisses, philosophus mansisses*» [*si hubieses permanecido en silencio, habrías seguido siendo un filósofo*], los sabios de Atenas no tienen cabida en este género locuaz. Y si de todas formas aparecen de forma ocasional y esporádica, permanecen en un segundo plano: son figuras periféricas y muy raramente influyen en el curso de la obra. Además, parece cuestionable si un personaje que representa una idea pero que, por lo demás, no parece estar hecho de «carne y hueso», es adecuado para la caracterización musical. A un personaje tan abstracto resulta muy difícil –para emplear una expresión de Richard Strauss– llenarlo de «glóbulos rojos» en sonidos. Además, la natural inclinación hacia la abstracción por parte del filósofo le da casi siempre a su aparición en la ópera un aspecto ridículo que se basa en su notoria candidez para las cosas mundanas. Por lo tanto, en la mayor parte de las ocasiones, los filósofos en la ópera son materia y tema para la comedia: figuras de la ópera bufa. De esta opinión es también el escritor Iso Camartin:

> En la ópera nos encontramos –sin duda, para placer del público– sobre todo con filósofos que resultan ser moralistas inoperantes, pequeños pedantes, reformadores del mundo sin oportunidades de pasar a la práctica e ilusos idealistas cuyos sueños van más allá de la realidad. Aunque tienen fama de

estar inspirados por una sabiduría más alta, en la mayoría de los casos tropiezan y fracasan en las más nimias exigencias de su propia vida.[1]

Lo cómico, por lo tanto, determina la imagen del filósofo y lo hace, así, posible para la ópera: el legendario estar-fuera-del-mundo, que supuestamente ya caracteriza al fundador de la familia filosófica cuando, fascinado por la visión del cielo estrellado, tropieza y cae en un pozo. Ser ajeno al mundo… y tener astucia profesional: el propio Tales, profético astrónomo y rico propietario de almazaras, sería quien puso este episodio en boca de una criada tracia contribuyendo, así, a la imagen del sabio alejado de la realidad. Al torpe Tales se le une Diógenes de Sinope, quien se entrega a la contemplación en su tonel y, riguroso en su coherencia, se aísla del mundo exterior. Wilhelm Busch ha representado ambas situaciones prototípicas de ensimismadas cavilaciones en sus historias ilustradas.[2]

<hr/>

[1] En https://www.journal21.ch/artikel/sokrates-auf-der-opernbuehne.
[2] Por ejemplo, *Diogenes und die bösen Buben von Korinth*. Véase en https://www.projekt-gutenberg.org/wbusch/diogen/diogen.html. De esta página procede la imagen que sigue a la llamada de esta nota.

Odo Marquardt apunta sobre la relación entre lo cómico y la filosofía:

> En lo sucesivo, el filósofo puede convertirse en personaje cómico y ser objeto de burla: donde los descendientes de la muchacha tracia representan el *common sense* y los sucesores de Tales, las cátedras, ahí se perpetúa la risa a costa de la filosofía en forma, por ejemplo, de chistes y bromas sobre los profesores y, especialmente, sobre los profesores de filosofía.[3]

Una fuente de extravagantes y divertidos malentendidos lo ofrece, por ejemplo, el gremio de los sofistas griegos, quienes sacan provecho tanto de manera didáctica como retórica de sus extraordinarios conocimientos teóricos y prácticos, convirtiéndolos en prósperos oficios. Más tarde, Platón, con su polémica contra los sofistas, hará que la imagen de estos sea negativa: charlatanes que, ávidos de dinero, deforman la realidad y en lugar de buscar la verdad, favorecen los llamados «sofismas». Platón, por en contrario, con su teoría de las ideas representa la exigencia de la más alta seriedad intelectual. Pero tampoco él consigue proteger su disciplina de la maldición de la ridiculez cuando precisamente esas ideas —arquetipos divinos a los que llega la más alta razón— se estrellan contra las banalidades del mundo y la vida cotidianos y estallan como pompas de jabón. Esto se convertirá en la materia prima para las necesidades del teatro.

El filósofo ridículo da lugar, así, a un tipo de comedia específico dentro de la ópera barroca. Como taimado retórico y rábula, con su locuaz *parlando* puede manipular opiniones, dar la vuelta de todas las maneras posibles a palabras y derechos y demostrar de mil maneras su superioridad intelectual. En el caso de que,

---

[3] Odo MARQUARDT, «Das Komische und die Philosophie», *Gießener Universitätsblätter* 7, 2 (1974), pp. 79-89.

9

sin embargo, se quiera tratar el tema de manera seria, hay que ampliar el círculo de personas más allá de los sabios de Atenas y sus extravagancias hacia personajes reflexivos en general. Las características de los filósofos pasan a todos los tipos y *dramatis personae* posibles: figuras que, dotadas de un privilegiado entendimiento, cantan frases plenas de profético y profundo sentido y desempeñan papeles fundamentales para la resolución de conflictos. A medida que avanza el siglo, el *deus ex machina* de la ópera barroca desciende desde el Olimpo o el estrellado cielo divino a los seres humanos y, a través de la sabiduría plasmada en hechos y dichos, la acción logra que se alcance el final feliz, como sucede, por ejemplo, con Sarastro, Alfonso, un eremita, Hans Sachs, Palestrina o la Mariscala.

Llegada triunfal de Sarastro cerca del final del primer acto de *Die Zauberflöte* (Brno, 1793).

10

EL NACIMIENTO DE LA ÓPERA A PARTIR DEL ESPÍRITU DE LA FILOSOFÍA

La filosofía tiene mucho que ver con el comienzo del teatro musical. La ópera, en cuanto fenómeno peculiarmente compuesto, tuvo que ser «pensada» y concebida para cobrar vida en imágenes y sonidos. En su comienzo, es un teorema y no una obra de arte surgida espontáneamente de la escena como una Palas Atenea de la cabeza de su padre Zeus. Y en esta génesis artificiosa de la ópera, en los dolores de parto en aquella Florencia alrededor del año 1600, participó, de manera paradójica, la filosofía. Dicho con una imagen: Platón como padre de la anamnesis, de la reminiscencia, ejerció aquí de partero intelectual. Y dicho de manera más precisa: es Sócrates, el maestro de Platón, quien ejerce la maternal profesión de comadrona en el arte para ayudar a dar luz a las ideas de otros. En el caso de la ópera se trata de una paradoja porque la música, durante este parto primordialmente literario, al principio solo tuvo un papel secundario. Filósofos y literatos eran los que llevaban, para seguir con la paradoja, la voz cantante y los músicos estaban subordinados a esta falange intelectual.

La tesis, especulativa e insostenible, según la cual la tragedia griega se cantaba y no era exclusivamente recitada, la plantea el erudito Girolamo Mei, un buen conocedor de la teoría musical antigua. A partir de esta teoría –que Mei discute en su correspondencia con uno de sus discípulos, el músico Vicenzo

Galilei– se desarrolla un estilo recitativo de una sola voz como precursor de la monodia.

En sus debates sobre el renacimiento de la tragedia antigua –un «rememorar»–, la Camerata recurre a la filosofía griega y, sobre todo, a Platón, quien ya le había adjudicado a la música una significancia ética primaria y la había declarado absolutamente necesaria en el marco de la «Paideia» estética y política:

> Ahora bien, Glaucón, la educación musical es de suma importancia a causa de que el ritmo y la armonía son lo que más penetra en el interior del alma y la afecta más vigorosamente, trayendo consigo la gracia, y crea gracia si la persona está debidamente educada, no si no lo está.[4]

Para Platón, la música era un imprescindible instrumento para la educación del *zoon politikón*, del hombre como ser social en la polis. Para Sócrates, el «portavoz» de Platón –sobre Sócrates como personaje operístico se hablará más adelante–, «tanto el lenguaje correcto como el equilibrio armonioso, la gracia y el ritmo perfecto son consecuencia de la simplicidad del alma […], de la disposición verdaderamente buena y bella del carácter y del ánimo»[5]. Platón no le otorga a la música un auténtico valor propio en el sentido actual. Dentro de la escala de virtudes espirituales, la música se encuentra en la parte inferior y la filosofía, por supuesto, en los peldaños más altos. También en Platón se apoya el compositor del primer Barroco, Giulio Caccini, cuando en su calidad de miembro de la Camerata Florentina exigía que el compositor se interesara primero «en la palabra, a continuación, en el ritmo y, por último, en el sonido, y no a la

---

[4] Platón, *República*, Libro III, en *Diálogos IV*, intr., trad. y notas de Conrado Eggers Lan, Gredos, Madrid, 1988, p. 176.

[5] *Ibid.*, pp. 174-5.

inversa». En esta función ancilar, la música quiere reconquistar un «poder emocional» que tanto él como sus camaradas suponían que se hallaba en la fuerza del lenguaje de la tragedia griega. Caccini desarrolló esta nueva doctrina surgida de la cultura antigua gracias a las sabias enseñanzas de la aristocracia filosófica florentina. El humilde músico procedente del sur latino llega a confesar que con los doctos señores de la Camerata ha aprendido más que en sus pasados treinta años de estudio del contrapunto. A partir de sus aparentemente convincentes argumentos, que se basaban en Platón y en otros filósofos, había aprendido que hay que conceder a la palabra y su comprensión un privilegio absoluto sobre el canto, el ritmo y el sonido.

In principio erat Verbum: la música tenía que estar subordinada a la palabra. (Ya se toca aquí la eterna disputa alrededor de la relación de preeminencia entre la palabra y la música en la ópera tal y como un siglo más tarde reaparecerá en el conflicto entre Gluck y Piccini y se documenta en obras como el divertimento teatral *Prima la musica poi le parole*, de Antonio Salieri, o en *Capriccio*, la pieza de conversación de Richard Strauss).

Pero los comienzos de la ópera se van a ver determinados por la seca razón en contra de los deseos de Caccini de una «recuperación de la fuerza emocional». La gris teoría (no demostrada) de una tragedia antigua cantada constituye una estéril quimera. El musicógrafo Massimo Mila expresa la paradoja de manera precisa: «El nacimiento de la ópera –una forma musical destinada a convertirse en la palestra de alocadas fantasías y en un vehículo de lo irracional– se forma bajo el riguroso y claro control de la razón»[6]. La emoción y la pasión, afectos fundamentales de la ópera, solo más adelante ganarán sus derechos. El «sublime

---

[6] Massimo MILA, *La nascita del melodramma in: I costumi della Traviata*, Edizione Studio Tesi, Pordenone, 1984, pp. 26-7.

disparate», un elemento fundamental de la ópera y garante de su vibrante vida, tuvo como origen y comadrona a la fría reflexión. Se ha escrito mucho sobre el fecundo error del ilustre círculo aristocrático en el Palazzo Bardi alrededor de 1600 debido a su viaje especulativo a Grecia. Al negar la compleja polifonía tan exuberante en sonidos de los siglos pasados –con su más destacada figura, el italiano Giovanni Pierluigi da Palestrina, a la cabeza–, se decanta por la simple monodia: al igual que Cristóbal Colón, se cree haber descubierto unas fantásticas Indias cuando en realidad se ha arribado a las costas de una prosaica América. Le corresponde al espíritu toscano, seco y dirigido al cálculo y a la concreción real, hacer una campaña contra la falta de inteligibilidad de la palabra de la polifonía y rechazarla como un exceso «gótico» de la cultura nórdica. Unos 250 años más tarde, le corresponderá al filósofo de la cultura Friedrich Nietzsche examinar críticamente y de la manera más personal el nacimiento de la ópera a partir del espíritu de la filosofía y hacer responsable de este al inventor de la partería intelectual.

ÓPERA BARROCA: DE MONTEVERDI A TELEMANN

A diferencia de Nietzsche, que generosamente reduce la historia de la ópera a unos pocos puntos destacados y que solo celebra el resurgimiento del mito y de la tragedia en Richard Wagner, nosotros vemos ya en Claudio Monteverdi al pionero que conduce a la ópera de los sencillos comienzos bucólicos de los idilios pastoriles a sus primeras cumbres dramáticas y musicales. En la carnavalesca ópera veneciana de Monteverdi *L'Incoronazione di Poppea* aparece por primera vez un filósofo. Dado que el libreto de Giovanni Francesco Busenello está basado en la tragedia cortesana (y apócrifa) *Octavia* del estoico Lucio Anneo Séneca, es legítimo que el filósofo de la corte del emperador Nerón también aparezca en la obra.

Como no podía ser de otra manera, se revelan con claridad las contradicciones de la filosofía romana entre teoría y praxis. El ávido anhelo de posesiones de Séneca se corresponde poco con sus sermones éticos: era también, con seguridad, «un parásito adulador, y Busenello no lo oculta; ya los soldados de la guardia en el primer acto se expresan despectivamente sobre Séneca»[7]. Cuando con prolija verborrea intenta consolar a Ottavia, la esposa repudiada, interviene un paje —*valletto*, en italiano, y ese será su nombre— con burbujeante falta de respeto. Al filósofo lo

---

[7] Hans-Klaus JUNGHEINRICH, *Eine kurze Geschichte der Oper in 35 Bildern*, Wolke Verlag, Hofheim am Taunus, 2021, p. 23.

llama «estafador religioso», un miniaturista de bellas palabras y refinados argumentos cuyos estornudos y bostezos llevan el sello de la moral mojigata. Valletto desenmascara la taimada retórica del estoico como una «nada pulida» y lo tilda de pensador astuto que vende sus quimeras como revelaciones. (En *Crepúsculo de los ídolos*, Nietzsche llama a Séneca «toreador de la virtud»[8]). La música de Monteverdi se esfuerza por rebajar la dignidad del sabio en la medida en que acompaña el burbujeante *parlando* del paje con efectos onomatopéyicos que ilustran los estornudos del hipócrita. Por otra parte, *L'incoronazione di Poppea*, en la que el superior espíritu renacentista se casa con la erudición humanística, no se limita a una simple caricatura del estoico Séneca. Desde el momento en que defiende los derechos de la repudiada Octavia, ha de luchar contra Nerón. En la forma retórica del *altercatio* (el intercambio de palabras), los representantes de la palabra y de la acción se enfrentan dialécticamente:

NERÓN
　　Octavia es fría y estéril.
SÉNECA
　　Quien carece de razones, busca disculpas.
NERÓN
　　A los poderosos no les faltan razones.
SÉNECA
　　A las obras injustas les falta poder de convicción.
NERÓN
　　Cuanto más poderoso, más justo se es.
SÉNECA
　　Pero quien no puede mandar, siempre es menos poderoso.

NERÓN

---

[8] «Incursiones de un intempestivo», § 1 «Mis imposibles», KSA 6, p. 111.

16

El poder es la ley en la paz como la espada en la guerra, no necesita de las razones de la razón.

SÉNECA

El poder enciende el odio y excita la sangre,
la razón rige a hombres y dioses.

NERÓN

Haces que me enfurezca. Contra ti, el pueblo, el Senado, Octavia y el cielo y el infierno —sean mis deseos justos o injustos—, ¡hoy Popea será mi esposa!

SÉNECA

Cuando la fuerza contradice a la razón, siempre gana el lado equivocado.

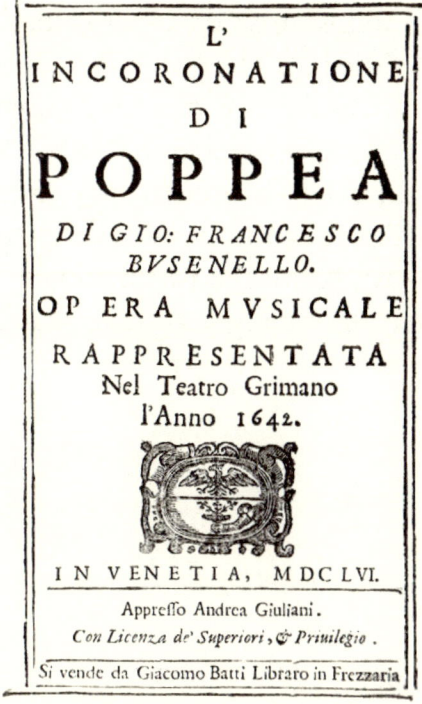

Portada del libreto publicado en 1656.

17

La disensión entre el ocio filosófico y la agitación disputadora constituye el factor decisivo y motor de la ópera en general. Así, según sus leyes internas es lógico que en *Poppea* de Monteverdi el estoico y contemplativo Séneca sea derrotado por el emperador y hombre de acción Nerón. El sabio pierde contra el tirano aunque –o quizá precisamente porque– tiene los mejores argumentos. Más adelante, en la Ilustración, veremos que también puede suceder lo contrario: la superioridad del filósofo maduro vence a la apasionada juventud activa. Séneca, por su parte, sale perdiendo en la esfera de la acción, pero triunfa a través de una salida heroica. Su suicidio entre discípulos, amigos y seguidores llorosos y compungidos se eleva como fanal de una tranquilidad de ánimo que con una sonrisa de superioridad hace frente a la crueldad y la arbitrariedad. El «*Non morir, Seneca*», el gesto de invocación de los discípulos con su gran disonancia es un poderoso contraste de la apoteosis del amor de Nerón y Popea.

Monteverdi y Busenello proceden, por lo tanto, de manera completamente dialéctica en su pintura de virtudes y vicios filosóficos: empiezan con la imagen distorsionada del rétor charlatán y taimado que, sin embargo, al final, gracias a la superioridad de su espíritu, alcanza cierta grandeza.

Luca Giordano, *La muerte de Séneca* (1684).

EL *SÓCRATES PACIENTE* DE TELEMANN

La figura más importante de la filosofía es el hombre al que el oráculo de Delfos designa como el más sabio de los griegos: Sócrates. En épocas posteriores, su sabiduría será valorada de muy diferentes maneras. Friedrich Nietzsche, por ejemplo, consideraba errónea y presuntuosa la idea socrática de que el hombre, en virtud de su razón, podría «corregir el ser» y mejorar el mundo. Para él, Sócrates es el representante del espíritu de una ciencia que vive de la fe en que la naturaleza puede ser estudiada y en el poder curativo universal del saber[9]. El tipo que de esto resulta, el «hombre teórico», conduce a un empobrecimiento de la existencia. Mientras el hombre creativo todo lo hace por instinto y solo más tarde emplea la conciencia crítica, el *daimon* socrático transforma, exactamente a la inversa, el instinto en crítico y la consciencia en creadora. Al intelectualizar la tragedia, Sócrates y Eurípides se convertirían en los sepultureros de las antiguas artes. Para el autor del *Nacimiento de la tragedia*, Sócrates es la figura con menos talento y sensibilidad para la música de la historia del pensamiento y lo convierte, con toda seriedad, en el padre de la ópera, pues esta, precisamente debido a su artificioso origen, sería un producto del hombre teórico:

---

[9] *El nacimiento de la tragedia*, § 17, KSA 1, p. 111.

20

La ópera es el parto del hombre teórico, del lego crítico, no del artista: uno de los más extraños acontecimientos en la historia de todas las artes.[10]

Pero ya entre los griegos se produjo cierta resistencia contra la cultura socrática. Así, la comedia representaba una especie de contrapartida al imperio del pensador, de cuya abstracta actitud de superioridad querría liberarse. En *Las nubes*, el brillante comediógrafo Aristófanes transforma a Sócrates en un personaje ridículo que en su «pensadero», suspendido en un cesto, convierte sus pensamientos en burbujas. Esto dice el coro:

Salud, investigador de la sabiduría: y tú, sacerdote de las vaciedades más inútiles, di para qué nos necesitas. Porque a ningún sofista de los que investigan las cosas del cielo escuchamos con tanto placer como a ti, excepto a Pródico: a este le atendemos por su ingenio y por su ciencia; a ti por tu andar arrogante, por tu mirar desdeñoso, tu sufrimiento en caminar desnudo, y la majestad que imprimes a tu fisonomía.[11]

Este Sócrates negaba la existencia de los dioses y declaraba a las nubes atronadoras y relampagueantes como sublimes diosas. Por supuesto, la ópera barroca italiana también se ocupa de la sabiduría socrática y de su lamentable puesta en práctica en la realidad. Pero a pesar de todas sus complicaciones en la agitación de la vida cotidiana, le concede una superioridad intelectual y espiritual al tiempo que no pierde de vista las tiradas

---

[10] *Ibid.*, § 19, KSA 1, p. 123.

[11] Aristófanes, *Las nubes*, trad. Federico Baráibar y Zumárraga, en *Comedias de Aristófanes*, tomo I, Biblioteca clásica, Madrid, 1880, pp. 260-1. (Véase en https://www.gutenberg.org/cache/epub/68443/pg68443-images.html#FNanchor_463).

cargadas de odio de Aristófanes. De 1680 es *La pazienza di Socrate con due moglie*, el *scherzo dramatico* de Antonio Draghi que constituye el modelo para la primera ópera cómica alemana: la ópera *semiseria* de 1721 *Der geduldige Sokrates*, de Georg Philipp Telemann. El rasgo erudito de la ópera alrededor de Sócrates y sus discípulos es una importación del humanismo italiano, así como el intercambio entre el estilo cómico y el patético es de origen veneciano. El filósofo, como tipo de la ópera seria, se encuentra muy por encima del ladino comediógrafo cuando al mismo tiempo empieza ya a mudar de piel como proto-bufo: calzonazos y marido acosado que bajo los cambiantes nombres de Pantaleone, Pimpinone, Ubaldo, Pasquale y muchos otros padecerá su masoquista existencia operística.

Reyer van Blommendael, *Xantipa mojando a Sócrates* (ca. 1660).

22

La bigamia del sabio de Atenas debe de tratarse, en todo caso, de una leyenda que como consecuencia del carácter escéptico respecto de Sócrates del matrimonio inmediatamente desemboca en dos conflictos: «Un hombre que se casa con dos mujeres construye su propia cárcel». Condenado a la caricatura en cuanto se pone a actuar en la realidad, a través de la sugestiva puesta en música de Telemann se convierte en un mediador cuya tarea empieza y termina con las célebres palabras de la *Apología*: «Oida ouk Eidos» [*solo sé que no sé nada*]. El «ignorante» Sócrates, al igual que Séneca, es un glorificador de la virtud a través de la cual se puede renunciar al tumultuoso mundo: Telemann evoca aquí la imagen original del generoso y sufrido pensador que a través de su elogio de la vida sosegada avanza al mismo tiempo hacia el epicureísmo. Es ya la imagen que también presenta Jean Jacques Rousseau cuando en 1750 recurre a Sócrates como testigo para su crítica de la civilización: «¡[…] Sócrates, elogiando la ignorancia! ¿Es posible creer que si resucitara en nuestra sociedad nuestros sabios y nuestros artistas le harían cambiar de opinión? No, señores, este hombre justo continuaría despreciando nuestras vanas ciencias». En lugar de libros y preceptos, Sócrates habría dejado a sus discípulos nada más que «el ejemplo y la memoria de su virtud»[12].

Con el balanceo de la siciliana y el susurro de los violines, la música introductoria de Telemann alcanza un máximo de íntimo sosiego y no dibuja, en todo caso, la figura menos musical de la historia del pensamiento. Pero únicamente se trata de la calma antes de la tempestad; con la pujanza de un Wilhelm Busch, en la paz y la satisfacción socráticas irrumpe la discordia femenina en la forma de las dos dragontinas esposas. Por cierto,

---

[12] Ambas citas del *Discurso sobre las ciencias y las artes*. Traducción tomada de https://museo-etnografico.com/pdf/puntodefuga/180110rousseau.pdf.

23

sobre el cliché histórico-popular del filósofo calzonazos señala Nietzsche que Sócrates «no permitía que las mujeres perturbasen la tranquilidad crepuscular del pensador»[13], aunque, evidentemente, la ópera, con su gusto por el jaleo, es más sabia: lo que nos encontramos es una disputa sin fin entre el filósofo y sus vivarachas e histéricas mujeres, Mirto y Xantipa. Para más inri, su acérrimo enemigo, Aristófanes, lo acosa con libelos, ante cuyas envenenadas invectivas la retórica socrática puede presentar más resistencia que ante las disputas de las mujeres. En la ópera de Telemann, Aristófanes aparece como un poeta malicioso y un crítico odioso, un «esputo del Parnaso». Menos prominente y más bien neutral aparece el héroe, Sócrates: no un auténtico bufo, sino una figura de la ópera seria cuyo impotente comportamiento en la estructura de la trama es cada vez más cómico. Judit Peteri lo incluye, por lo tanto, en las filas de los famosos héroes bufos:

Sócrates no habla por sí mismo, sino que se pone al servicio de una idea y, más en concreto, de aquellas ideas filosóficas que en la vida real no lo llevan a ninguna parte. Su temple y equilibrio infinitos están en agudo contraste con la febril y vibrante atmósfera que le rodea y, por lo tanto, lo convierten en risible. Obviamente, Telemann quiere dibujar la imagen de un filósofo ajeno al mundo a través de la falta de identificación emocional real, de una gran cantidad de onomatopeyas en las arias de Sócrates, del carácter «abstraído» de la instrumentación o de la rigidez formal de sus arias. Paradójicamente, el filósofo no llega a ser una figura interesante y famosa por el ejercicio de su profesión, sino debido a su desesperada lucha con sus esposas en su vida privada. Pero se convierte, así, en un bufo de la eterna ópera cómica italiana, el directo sucesor del Pantaleón de la *Commedia dell'Arte*, compañero de destino

---

[13] *Humano, demasiado humano* I, § 437, KSA 2, p. 284.

24

de Uberto, Pimpinone, Don Bartolo y Don Pasquale, el viejo torturado hasta la muerte, burlado y, sin embargo, amado apasionadamente por mujeres jóvenes.[14]

[14] Judit PETERI, «Telemann und die deutsche Oper», en el folleto para la ópera *Der geduldige Socrates* de Georg Philipp Telemann, Hungaroton, Budapest, 1987, p. 17.

Excurso. Burladores de los filósofos: Aristófanes y Goldoni

En sus obras, Aristófanes aspira siempre a exponer al ridículo a personas y acontecimientos contemporáneos, a menudo con drásticas representaciones y satírica agudeza. Para eso, parodia los recursos estilísticos de otros poetas, por ejemplo de Eurípides, y se expresa tan crítica como burlonamente sobre personas como Sócrates o los sofistas. Para Goethe, el comediógrafo es el «insolente / favorito de las Gracias»[15]; Heinrich Heine y Nietzsche ven en la burla aristofánica del mundo un precursor de sus aforismos. Nietzsche elogia especialmente el «confiado instinto» con el que Aristófanes «piensa lo correcto cuando reúne al propio Sócrates, la tragedia de Eurípides y la música de los nuevos ditirámbicos en un mismo sentimiento de odio y barrunta en los tres fenómenos los rasgos de una cultura degenerada»[16].

Y un espíritu más flexible como el de Peter Cornelius, compositor romántico y contemporáneo de Wagner, quiere ahuyentar la aflicción alemana a través de la comedia griega. Cornelius constata con pesar que ya había suficientes tragedias en la música de la ópera alemana pero que «Aristófanes aún no había pasado por allí». La contraprueba la presenta con su delicada-

---

[15] Epílogo en verso a *Die Vögel*, en *Goethes Werke*, WA I/17, dtv, Múnich, 1987, p. 114.

[16] *El nacimiento de la tragedia*, § 17, KSA 1, p. 112.

mente cómica *Der Barbier von Bagdad*, cuyo protagonista, Abul Hassan, propaga su genialidad en un «remolino de verborrea»[17] que sin esfuerzo reúne en sí a los enemigos Aristófanes y Sócrates: «Epigramático, crítico agudo, épico, lírico, por lo tanto un Sócrates, y Aristóteles. Soy dialéctico, sofista, ecléctico, cínico, ético, peripatético». Abul Hassan es el arquetipo del charlatán barbero-filósofo que, como su predecesor Fígaro en el *Barbiere di Sevilla* de Rossini, sabe literalmente enjabonar a sus clientes con su brillante retórica.

Y todavía antes que Cornelius, se debe precisamente a Franz Schubert una adaptación de Aristófanes: el *Singspiel Der häusliche Krieg*, una versión en todos los sentidos suavizada de la obra, antaño de mala reputación, *Lisístrata*, que más tarde, de la mano de Paul Lincke, se convertiría en una opereta del Período Guillermino. Las aves de Aristófanes se encuentran en los campos poswagnerianos y tardorrománticos en la versión musical de Walter Braunfels; ya el prólogo del ruiseñor esquiva la sátira con su proclamación del valor eterno de la música. Finalmente, el compositor Leonard Bernstein –en un salto desde la ópera a la moderna música de cámara– en su *Serenade*, inspirada en el *Banquete* de Platón, le dedica al satírico una curiosa reflexión sobre el Eros humano.

Voltaire, sin embargo, no tiene en gran estima al autor de *Lisístrata*, *Las aves*, *Las ranas* y *Las nubes*, y muy por encima de él coloca al comediógrafo veneciano Carlo Goldoni, y, así, prefiere su comedia quizá más popular, *La locandiera*, con su humor más cercano al pueblo, a todas las obras aristofánicas. Goldoni, el custodio de la comedia improvisada y, por lo tanto, padre de la ópera bufa, encuentra sus tipos en los personajes de la calle. El compositor veneciano Gian-Francesco Malipiero nos informa

---

[17] Hans-Klaus JUNGHEINRICH, *op. cit.*, p. 84.

al respecto que todavía en 1910 se podían encontrar algunos de estos tipos originales en las calles, plazas y cafés de Venecia: el *Signor Brontolone* y el *Servo delle due Padrone*, predecesores de Fígaro, las mujeres del mercado de Chioggia y las mujeres de la aristocracia, los gondoleros y los *rusteghi*, los rufianes, la *scialtrona* y la *boba*, la mujer astuta y la necia, y, por supuesto, Mirandolina, la posadera con su gracejo natural. Las más de 200 piezas de Goldoni son un filón para la ópera cómica, a partir de las cuales el mismo autor escribe algunos libretos. Junto al *vecchio buffone*, las astutas sirvientas, el notario y el pupilo huérfano está el *dottore*. El *dottore* ha estudiado en la universidad de Bolonia o en la de Padua, las más prestigiosas universidades del Renacimiento, y se caracteriza por una actitud de sabelotodo y por su palabrería erudita intercalada con latín macarrónico. Mezcla de manera ridícula conceptos jurídicos, médicos, filosóficos y astrológicos. Lleva puesto un antifaz, un gabán negro con gorguera blanca y un sombrero de gran tamaño: la ropa típica del académico procedente de Bolonia. Sus mejillas están a menudo teñidas de rojo para poner de relieve su amor al vino. Además del médico aparece, naturalmente, el filósofo: tiene el primero el control sobre el cuerpo, el segundo lo tiene sobre el alma. Esta supremacía confiere a los *dottori, astrologhi* y *filosofi* un aura de pomposa arrogancia que puede ser fácilmente caricaturizada.

GALUPPI Y PAISIELLO: SÁTIRAS SOBRE EL FILOSOFISMO

La época de la Ilustración, que discurre paralela al Barroco, le otorga a la filosofía un reconocimiento cada vez mayor. Pero a veces esta propensión a la razón adquiere los rasgos del culto y la exageración. En la creciente burguesía, ciertos grupos profesionales difundieron su sabiduría especializada y su lenguaje rebuscado. En la Commedia dell'Arte nos encontramos con los tipos, arriba pergeñados, de burguesía altanera con su manía por lo griego que alienta a los poetas a la sátira.

Un primer éxito gracias a Goldoni se lo apuntó el compositor Baldassare Galuppi con su ópera bufa *Il filosofo di campagna*, éxito propiciado, también, por el culto al filosofismo que se practicaba durante la Ilustración. La decadencia de este culto a lo docto y erudito se muestra precisamente en que también llega a penetrar en la bucólica vida rural. Así, al rico campesino Nardo se le llama *filosofo* solo porque es inteligente y prefiere el ambiente rural a los aires de la ciudad. Don Tritemio desea, por lo tanto, casar con el respetado *contadino pensoso* (el campesino pensativo) a su hija Eugenia, quien, por su parte, ama al noble Rinald. Esta típica constelación bufa agota, en gran medida, el aspecto filosófico de la obra.

Más profundamente penetra el compositor Giovanni Paisiello en este difundido culto a los pensadores, doctores, abogados y solterones italianos. Presenta dos ejemplos de tipos de comedia que se exponen al ridículo a través de su loco entusiasmo por

29

lo intelectual. Si el paciente Sócrates de la ópera de Telemann apenas podía filosofar por culpa de las constantes molestias de sus dos esposas, mucho menos puede hacerlo el «imaginario» de otra ópera bufa: *Il Socrate immaginario*, así se titula la *Commedia per musica* de Paisiello que en 1775 tuvo en Nápoles un enorme éxito, para gran disgusto del rey y su corte. Don Tammaro, el héroe de la ópera, sugiere las fórmulas aporéticas de Sócrates de manera rústico-animal: «Precisamente porque soy una bestia, soy un filósofo». Tammaro se tiene a sí mismo por un segundo Sócrates y lo supera al menos en su comportamiento masoquista. No deja nada por intentar con tal de imitar la vida de su ídolo: desde el *tribon*, la túnica de Sócrates, hasta el anhelo de que le vacíen un orinal en la cabeza, pasando por una doble boda. La ópera bufa de Paisiello no se olvida de la manía por todo lo griego que por aquel entonces imperaba en Nápoles a raíz de un nuevo despertar del apasionamiento por la Antigüedad. Con su obsesiva chifladura, el protagonista de la ópera degrada su entorno hasta convertirlo en un decorado ateniense, se deja avasallar por su Xantipa, nombra a su futuro yerno un segundo Platón e intenta imponer a los que le rodean una jerga griega.

Unos 70 años antes que la ópera cómica *Der Wildschütz* de Albert Lortzing y unos 90 años antes que Jacques Offenbach, la ópera bufa italiana disfruta con el patetismo ridículo de las parodias griegas. En *Der Wildschütz*, la extravagante condesa empleará el elevado estilo de Esquilo y Sófocles. El modelo del palurdo alcalde van Bett de *Zar und Zimmermann* vuelve a poner sobre la escena al doctor Bartolo del *Barbiere di Sevilla* de Rossini: el comienzo de su aria de bravura «A un dottor della mia sorte» vuelve casi palabra por palabra en el estribillo del aria de salida «O sancta justitia» de van Bett: «Ah, soy inteligente y sabio». En los hipertróficos títulos de su *Ecce homo* («Por qué soy tan sabio», «Por qué soy tan inteligente»), Nietzsche podría

30

haber pensado, de manera absolutamente irónica, en el alcalde demasiado listo de Lortzing.

Volviendo a Paisiello, en la música del contemporáneo de Mozart se puede certificar un colorido espectro que va de la extensa aria hasta la danza napolitana pasando por los brillantes grupos llenos de bullicio y ajetreo. Una ópera cómica plena de tensión y confusiones.

Élisabeth Louise Vigée Le Brun, *Retrato de Giovanni Paisiello* (1791).

La otra ópera de Paisiello data de 1779 y se titula tanto *Gli astrologi immaginari* como *I filosofi immaginari*: la filosofía y la astrología son intercambiables y con esto se denota que ambas disciplinas se practican aquí de manera más bien lúdica. Petronio Sciatica, astrólogo y filósofo aficionado, rechaza dar la mano de su hija Clarice a Giuliano Tiburla, pues este no es capaz de

31

hacer nada de índole filosófica con el lenguaje de los pájaros. Giuliano regresa disfrazado del famoso y vetusto profeta Argatifontidas. Al asombrado Petronio le revela que con ayuda del fénix árabe volverá a ser joven, un rejuvenecimiento a través de Eros que, en Goethe, ve la transformación de Fausto en un joven a través de la comedia improvisada. Los estudios seudofilosóficos en la casa de Petronio son a menudo iluminados con humor por Paisiello. En su aria bufa «Una donna letterata», Clarice se ríe del comportamiento afectado de su hermana Cassandra, adicta a la educación, con largas frases cantadas. Giuliano, disfrazado como un centenario filósofo, se presenta con voz de viejo fastidioso y en su aria «Per scienza e per dottrina» parodia, con patéticas cantinelas, el estilo docto del académico. Y el segundo *finale*, «L'ora cheta ed opportuna», presenta al pensativo cenáculo como filósofos bajo la luz de la luna. Una música espiritual en la que incluso la tos se pone en música, como en una carta señala la zarina Catalina II.

«PORQUE UNA ÓPERA NO ES UNA HISTORIA FILOSÓFICA». DEL DON ALFONSO CLÁSICO AL MEFISTO ROMÁNTICO

Contra la ópera como género «absurdo» y su turbia mezcla de las artes se levantan sobre todo los racionalistas con argumentos lógicos y morales, especialmente Johann Christoph Gottsched. También Voltaire llama a la ópera una monstruosidad que «satisface más a la vista y al oído que a la mente» y constata que «el servicio a la música conduce a los errores más ridículos»[18]. Por el contrario, el filósofo Johann Georg Hamann emite un juicio más sensualista al explicar por qué «la ópera no es una historia filosófica». Hamann aboga por la unidad de razón y sentidos y la encuentra ya prefigurada en el lenguaje. Poco a poco, el clasicismo hace su entrada con el espíritu reformista de Gluck y su libretista Ranieri de Calzabigi. La ópera regresa a sus orígenes; se vuelve «razonable» y deja espacio para ideas humanísticas e ilustradas. Cada vez más aparecen figuras cuya capacidad de raciocinio, sentencias cantadas con profundidad y papeles claves contribuyen o conducen a la resolución de los conflictos. Cuando texto y música tienen contenidos parecidos, cambia de manera fundamental la actitud de ambas expresiones artísticas. Desde el poeta Klopstock, por ejemplo, hasta el joven Schiller solo hay un paso. Pero es el último paso desde la teología a la poesía y la filosofía.

---

[18] Hans-Klaus JUNGHEINRICH, *op. cit.*, p. 10.

Si, por lo tanto, en la ópera se quieren tomar en serio esta disciplina y a sus representantes, como sucede en la Ilustración, uno no puede quedarse tan solo con los estafadores y los charlatanes que nos muestra la ópera bufa. Durante el clasicismo, la figura del filósofo se transforma y adquiere nuevos rasgos de seriedad. La palabra 'sabiduría' se convierte en un concepto central en *Die Zauberflöte* de Mozart, en la que el teatro de títeres alrededor de Kasperle de la farsa vienesa se une con el teatro de ideas humanistas y masónicas. La mezcla de espectáculo mágico y elementos «profundos» de la Ilustración confiere a *Die Zauberflöte* un aire de *theatrum mundi* que en su momento inspiró a Goethe para crear una segunda parte de esta ópera y, más tarde, a filósofos como Ernst Bloch y Jan Assmann a escribir ensayos y libros.

La ópera tampoco se limita ya a la caricatura de los necios representantes bufos del gremio de los pensadores, sino que empieza a tomarse en serio su contenido. Un ejemplo característico de este cambio de estilo lo representa Joseph Haydn con su última obra dramática: *L'anima del filosofo, ossia Orfeo ed Euridice*. Paolo Francesco Badini, el libretista de Haydn, tiene, como traductor de Pascal, ambiciones filosóficas. Con su figura de Orfeo, apunta al mismo tiempo al origen renacentistas de la ópera y al *Orfeo* de Monteverdi. La ópera, no estrenada hasta 1951 (y, de manera significativa, en Florencia), nos plantea el enigma de quién podría ser el alma y quién el filósofo. ¿Es este último el propio Orfeo y Eurídice su alma, o su padre Creonte, quien en un aria razona sobre los límites de la libertad humana? Si consideramos que el filósofo es Orfeo, eso significaría que en él además del poder de la música se reflejaría el poder de la razón que lo distingue como vencedor sobre la barbarie a través de la civilización. También este aspecto corresponde por completo al papel que antes de Haydn ya adquiere el Orfeo renacentista de Monteverdi.

Ary Scheffer, *Orfeo lamentando la muerte de Eurídice* (ca. 1814).

Casi al mismo tiempo que el *Orfeo* de Haydn aparece *Die Zauberflöte*. Como ya se ha mencionado, los representantes de las ideas, Sarastro y su portavoz, se oponen a los representantes de la acción del cuento de hadas, Pamina, Tamino y Papageno. De central importancia para este plano intelectual es la escena hablada del acto I, en la que la que el sacerdote despierta dudas en Tamino respecto de su caballeresca concepción del bien y el mal. Tiene lugar una inversión de la escena arriba citada entre el filósofo Séneca y el emperador Nerón: vence allí el hombre de acción sobre el pensador, aquí el portavoz conduce la impetuosidad de Tamino por el camino de la razón hacia el presunto criminal Sarastro: el príncipe gana un atisbo de su sabiduría:

TAMINO
    ¿Sarastro reina en estas profundidades?
SACERDOTE
    ¡Sí, sí! ¡Sarastro reina aquí!
TAMINO
    ¿Pero no el Templo de la Sabiduría?
SACERDOTE
    Reina aquí, en el Templo de la Sabiduría.

Una fuerza de convicción comprable a esta se desarrolla en otra ópera de Mozart: en *Così fan tutte, ossia La scuola degli amanti*, la firmeza de los fogosos amantes sucumbe ante el escepticismo del viejo cínico. Hoy más que nunca, esta ópera se entiende como una fábula filosófica sobre el amor. Don Alfonso encarna aquí a un filósofo con amargas teorías sobre la vida que arrebata a los entusiastas Ferrando y Guglielmo su sólida fe en la fidelidad femenina. En esta figura se refleja el racionalismo del siglo XVIII. Alfonso es un discípulo de Voltaire y Diderot así como un contemporáneo de Kant. Como cliente y padrino de la ópera, actúa también el emperador filósofo José II, a quien le gustaban especialmente tales temas diseñados de manera estrictamente geométrica. Al contrario del Sócrates que predica la virtud en Telemann, Alfonso está lleno de una sabiduría de la vida que parece basarse en el profundo conocimiento de las mujeres. Su punto de vista queda expresado de la siguiente manera: «Quien ara en el mar, quien siembra en la arena y quiere atrapar en una red la tormenta es quien, cándidamente, pone sus esperanzas en la fidelidad de la mujer». La filosofía de Alfonso se concentra, por consiguiente, en la «prueba de fidelidad», en la que consiste esta escuela del amor, cuando el voto de fidelidad expresado repetidamente choca con la tendencia natural a la infidelidad de los cuatro protagonistas. Ulrich Dannemann señala lo siguiente:

36

Quien conoce las leyes del amor, encontrará mejor su camino en su laberinto y actuará racionalmente según principios filosóficos. El núcleo de la acción es la «prueba de fidelidad», ya conocida en la literatura antigua, que, según la visión filosófica de Lorenzo da Ponte, no se supera porque debido a la naturaleza humana es imposible que se supere.[19]

La ley natural triunfa sobre la ley moral que solo al final, y con mucho trabajo, recupera sus derechos. La música de Mozart, sin embargo, triunfa sobre las debilidades humanas y desmiente toda falsedad de la acción. En el famoso trío de despedida «Soave sia il vento», a través una agridulce expresión (la doble disonancia en la palabra *desir* anticipa la turbación amorosa, sinfónicamente denotada, en la romántica obertura del *Sommernachtstraum* de Mendelssohn) la música ignora las engañosas maniobras del amante que aparentemente se marcha. En el canon nupcial a cuatro voces de los recién casados, la música revela una armonía polifónica. (Tan perfecta, que el mismísimo Beethoven, crítico de *Così fan tutte*, usó esta pieza como modelo para el cuarteto de su *Fidelio*). Solo el diabólicamente serpenteante comentario del director del juego, Alfonso, en el trío y el amargo contrapunto de Guglielmo en el cuarteto reflejan la naturaleza aparente y falsa de lo que está sucediendo.

Del artificioso juego de la acción, se podría concluir que también aquí se pone en libertad la idea abstracta de la sensualidad que el filósofo danés Søren Kierkegaard arresta en el *Don Giovanni* de Mozart. Para Kierkegaard, la «idea más abstracta que se puede imaginar es la *genialidad sensual*»[20]. Esta idea, que solo

---

[19] Ulrich DANNEMANN, *Mozarts Musik – eine Philosophie der ultimativen Dinge des Lebens*, Goldbachverlag, Wiesbaden, 2010, p. 97.

[20] Søren KIERKEGAARD, *Entweder – Oder. Ein Lebensfragment*, trad. alemana de O. Gleiß, Verlag von C. Ludwig Ungelenk, Dresde, ⁵1909, p. 61.

se deja representar a través de la música, se encarna idealmente en el *Don Juan* mozartiano en la figura del seductor. Kierkegaard distingue la singularidad de «la ópera de todas las óperas» a través de una comparación con el *Faust* de Goethe, cuya «idea histórica»[21] se transmite a través del lenguaje y cuya naturaleza clásica es, por lo tanto, repetible. También en la música hay muchas obras clásicas: «pero sigue habiendo solo una obra de la que se puede decir que la idea misma es una idea absolutamente musical, por lo tanto, que la música no se reduce a acompañamiento. De tal manera que al mismo tiempo que revela la idea, revela su propia y más íntima esencia. Por eso, con su *Don Juan* se sitúa Mozart por encima de todos los inmortales»[22].

---

[21] *Ibid.*, p. 62.
[22] *Ibid.*, p. 63.

EL DIALÉCTICO MEFISTO SE VISTE PARA LA ÓPERA

Volvamos al *Faust* de Goethe: el protagonista renuncia a la filosofía porque él, pobre loco, sabe, como Sócrates, que «no sabe nada». Demuestra su «historicidad», por cierto, el hecho de que ha estudiado «por desgracia, también teología», pues en la Edad Media el filósofo todavía era siervo del teólogo. Por lo tanto, el dialéctico no es Fausto, sino Mefisto, el espíritu que condiciona e impulsa la acción, el que «siempre niega».

Y no es Charles Gounod –quien en su *Faust* pone el acento en Marguerite y presenta al diablo más bien como adversario y demoníaco cantante de baladas–, sino el compositor italiano y libretista de Verdi, Arrigo Boito, quien elija al tentador como aquel que le da nombre a su ópera: *Mefistofele*. «*Sono lo spirito che nega tutto*»: al concentrarse en la *nihil*, Boito conduce a su adversario en una nueva dirección llena de agudezas sarcásticas. «*Voglio il Nulla e del Creato la ruina universal*»: «Quiero la nada y la ruina universal de lo creado», y continúa: «riéndome pronuncio la palabrita '¡no!'». Con su monólogo de Mefistófeles focalizado en el principio de negación –una simplificación con respecto a Goethe–, Boito presenta, al mismo tiempo, el programa estético del grupo de artistas milaneses que, irónicamente, se hacen llamar *Scapigliatura*, los «despeinados».

Fiódor Chaliapin como *Mefistofele* (1910).

Junto a la figura de Mefisto, el famoso poema *Dualismo* representa el fundamento ideológico de los salvajes artistas lombardos. En este poema, Boito dibuja la imagen del hombre luciferino como un ángel caído que camina sobre la «*lama del rasoio*» (el filo de la navaja) y que hace de su *vita* un ejercicio acrobático en la cuerda floja. Una metáfora que proviene de Poe y Baudelaire y que emplearon muchos contemporáneos de Boito. En *Dualismo*, la cuerda se tensa entre el sueño de la juventud y el del pecado. Desde el comienzo del Romanticismo, la fascinación por el mal domina los ánimos como una fuerza motriz; E. T. A. Hoffmann, Edgar Allan Poe y Charles Baudelaire ofrecen sobrados ejemplos, pero ninguno exalta al mal hasta convertirlo en el fundamento de su estética artística como hace Boito. Por lo tan-

40

to, es de lo más coherente que el poeta de *Dualismo* se dedique al tema fáustico. El contenido del poema expresa con claridad la idea de Boito acerca de la dialéctica del alma: el movimiento indeciso, de aquí para allá, de esa pelota que a sí misma se llama 'hombre', entre la oscuridad y los altos vuelos de la existencia, entre el deseo de luz y la renuncia luciferina, entre la capacidad de sentir lo más grande y el no poder dejar de ser pequeño, entre la fragilidad de la acción humana y la todopoderosa fuerza creadora de Dios.

Boito está tan apegado a la figura del enemigo dialéctico, que en el *Otello* de Verdi vuelve a aparecer en la figura de Yago. «*Il nulla*», la nada, constituye también la quintaesencia del famoso credo de Yago, su profesión de fe en el mal, en cuyo *Leitmotiv* Verdi cita la Noche de Walpurgis del *Mefistofele* de Boito para enfatizar el parentesco de ambos personajes. El filósofo Benedetto Croce señala lo siguiente: «En el libreto de *Otello*, Yago pierde la inaudita simplicidad del personaje shakesperiano en la medida en que recibe rasgos mefistofélicos»[23]. También en su ópera *Nerone*, Boito confiere rasgos del embaucador tentador a Simón el Mago. (E incluso en el libreto de la ópera de Amilcare Pinchiellis *La Gioconda* aparece el antagonista Barnaba como consumado intrigante y enredador *à la* Mefisto).

Admirador y sucesor espiritual de Boito es el compositor italiano-alemán Ferruccio Busoni. 'Espíritu' era la palabra clave que Busoni en medio de su selecto círculo de discípulos berlineses elevó a la categoría de ideal de su teoría de la composición. (Su competidor, Franz Schreker, apostaba, por su contra, por la naturaleza, es decir, por el despliegue de la individualidad). De ahí que no sea casual que también Busoni elija como corona de

---

[23] G. VERDI – A. BOITO, *Briefwechsel*, ed. Hans Busch, Henschel Verlag Kunst und Gesellschaft, Leipzig, 1986, «Prólogo», p. 15.

41

su obra el tema fáustico, si bien pasando por alto a Goethe y recurriendo al *Volksbuch* y al teatro de marionetas. Sin embargo, cuando se conjura al demonio, junto a Goethe aparece el ejemplo de Boito con Mefisto como diestro dialéctico. A la pregunta de Fausto sobre su naturaleza diabólica, responde Mefisto:

SEXTA VOZ
Fausto, yo soy tan rápido como el pensamiento humano.
FAUSTO
¿Tanto como el pensamiento humano?
¿Qué más puedo querer?
¿Tu nombre?
SEXTA VOZ
Mefistófeles.

Busoni dejó inacabado su *Doktor Faust*. Tras las palabras de su protagonista: «¡Oh, rezar, rezar! ¿Dónde encontrar las palabras? Bailan por el cerebro como fórmulas mágicas. Quiero, como antaño, alzar la vista hacia ti», se interrumpe su música. Un curioso paralelismo con el final del segundo acto de la ópera de Arnold Schönberg *Moses und Aron*, en la que la música termina con las palabras de Moisés: «¡Oh, tú, palabra, tú, palabra que me falta!». En ambos casos, la palabra tiene aquí el significado de logos como concepto fundamental del orden universal divino.

PENSADORES EN LA ÓPERA ROMÁNTICA

«¡Woyzeck piensa demasiado!», informa el capitán en el drama homónimo de Georg Büchner y cien años más tarde en *Wozzeck*, la ópera de Alban Berg. El pueblo como nación primariamente pensante y solo después actuante: así gustaban y gustan representarse a los alemanes los círculos intelectuales de otras naciones. Por ejemplo, el ya mencionado grupo artístico milanés *Scapigliatura* cuando toma como modelo el Romanticismo alemán. La especial afinidad que al disoluto le valió el insulto *'germanisti'* hace que el entusiasmo por las historias de terror de demonios, amor y muerte y el Romanticismo más negro se refleje en numerosos libretos de la ópera anterior al verismo. La cumbre de este hoy apenas imaginable filogermanismo lo representa la ópera de Alberto Franchetti *Germania* a partir de un texto de Luigi Illica. La policía busca a un librero porque ha difundido en secreto el escrito patriótico *Germania*. Los estudiantes le dan cobijo y se rebelan en canciones que exaltan la libertad contra el «sistema Metternich». Lucha con la espada o con la pluma: después del «siglo que embadurna con tinta» (Schiller, *Die Räuber*, acto I, escena II) aún no se ha alcanzado un consenso al respecto. Carlo Worms cita las idealistas palabras del filósofo Johann Gottlieb Fichte y exige libertad de pensamiento de acuerdo con el *Don Carlos* de Schiller.

De los históricos campos de batalla de la guerra de liberación nos encontramos con la diosa Germania bajo la figura de una

43

alegórica *dea ex machina*. En una visión colectiva, entran también en liza los personajes del Romanticismo político e intelectual: junto a Carlo Teodoro Körner y Carlo Maria von Weber como autores del poema *Lützows wilde Jagd*, se encuentran los hermanos Schlegel, Humboldt, Arndt y Scharnhorst, así como los filósofos Fichte y Schleiermacher. En el reverso de esta estampa teutónica, que recorre como escenario la Selva Negra, se desarrolla la historia de Carlo Worms, el buen Ricke y el estudiante Federico Loewe. El ambiente alemán demuestra alrededor de 1900 un gesto de apertura europea a la hora de comprender la historia. Franchetti hojea el cancionero popular alemán con amor y pasión por el género.

La concentración de pensadores alemanes en las óperas dedicadas a la importante época de las guerras de liberación conduce a la obra central de la época tratada: *Der Freischütz* de Weber. En vista de las recientes celebraciones por el 200 aniversario de esta popular obra, volvió a surgir la vieja pregunta sobre si detrás del fervor por el bosque, los coros de novias y cazadores, los valses, la Garganta del Lobo y el júbilo del pueblo no se oculta una dimensión más profunda.

Escenografía para el segundo acto –«La Garganta del Lobo»–
de la ópera *Der Freischütz*, representada en 1822 en Weimar.

El mismo Weber nos conduce por el camino correcto cuando explicita que los «oscuros poderes» son el elemento fundamental de su música. El motivo principal de la ópera, cuya aura son los cantos, murmullos y amenazas del bosque, es la pregunta existencia sobre Dios ante la naturaleza inescrutable de la realidad. Max, cazador desventurado y lleno de dudas, al final de su aria lanza con un *la* agudo la arriesgada frase «¿No hay ningún Dios?» y con un triple *fortissimo* de la orquesta seguido de una pausa general se convierte en el profundo centro de la ópera. A lo que aquí se alude no sería el infierno, sino la inmanencia

45

del azar, nos dice el filósofo Theodor W. Adorno[24], con lo que la pregunta adquiere una significación que va mucho más allá de la habitual «retórica operística». De esta opinión es también el poeta Giorgio Caproni, quien basándose directamente en la ópera de Weber, a su extenso poemario de 1982 le da el título de *Il franco cacciatore*. Lo que le interesa especialmente, explica el propio autor, es la figura del cazador. El cazador bajo la figura del buscador: «¿En busca de qué? ¿De Dios? ¿De la verdad? ¿De aquello que está detrás de los fenómenos y más allá del último límite que puede alcanzar la razón? ¿De su propia identidad o la de los otros? Todas las preguntas son igual de válidas y, quizá, de lo que se trata es de la investigación por la investigación»[25]. El problema de Dios está en el centro de la lógica paradójica y «binaria» de Caproni, quien, sin embargo, no plantea la pregunta sobre Dios tan solo de manera filosófica, sino que alude al constante conflicto con el propio yo. De ahí que la idea fundamental de Caproni parta del síndrome del *Doppelgänger* de la novela de E. T. A. Hoffmann *Die Elixiere des Teufels* y se relacione con la magia de *Der Freischütz*.

---

[24] Th. W. ADORNO, «Bilderwelt des Freischütz», en *Musikalische Schriften 4*, Suhrkamp, Fráncfort del Meno, 1964, p. 45.

[25] Gerardo MELE, «Il Franco Cacciatore di Giorgio Caproni», en https://www.zerottonove.it/il-franco-cacciatore-giorgio-caproni/.

«El arte de Wagner es trascendental»

Desde *Der Freischütz* de Weber y el *Vampyr* de Heinrich Marschner –incluso el chupasangre Lord Ruthvenes es un monstruo pensativo y desgarrado– el camino conduce a los héroes de Richard Wagner. Son, casi en su totalidad, personajes reflexivos o se convierten en tales por el duro camino del conocimiento de sí mismos, como en el caso de Wotan, el transgresor de la ley, y de Parsifal, el «tonto puro». Wagner no tiene necesidad de poner a ningún filósofo sobre el escenario, pues sus héroes, bajo la influencia de Ludwig Feuerbach, son de todos modos naturalezas reflexivas y, más adelante, a través de la filosofía pesimista de Arthur Schopenhauer, también se convierten en «negadores de la voluntad». Lohengrin, Walther von Stolzing y Parsifal son caballeros espiritualizados; en los monólogos de Hans Sachs y Wotan, el pensamiento gobierna sobre la acción.

Para Nietzsche, Wagner regresa al origen de la tragedia griega. La tragedia vuelve a ser «el evento social sagrado que celebra el significado mítico de la vida»[26], señala Rüdiger Safranski en su biografía de Nietzsche. El entusiasmo del filósofo se inflamó con el drama musical de Wagner entendido como el «regreso de lo dionisíaco». Safranski cita la frase de Nietzsche «El filósofo

---

[26] Rüdiger SAFRANSKI, *Nietzsche. Biographie seines Denkens*, Fráncfort del Meno, Fischer, [7]2015, p. 94.

busca que el sonido del mundo resuene en su interior»[27] y prosigue: «Quien quiere que resuene en su interior el *sonido del mundo* [...] también buscará una música real y no solo metafórica donde suene esta presentida armonía interior del mundo. Ahora sabemos que para Nietzsche esta música del mundo era la música wagneriana»[28]. En su propagandístico panegírico *Richard Wagner en Bayreuth*, Nietzsche tampoco se olvida del pensador: «Wagner es más filósofo allí donde es más enérgico y heroico. Y precisamente como filósofo, no solo caminó sin miedo a través del fuego de diversos sistemas filosóficos, sino también a través del vapor del conocimiento y la erudición [...]»[29].

El «fuego de los sistemas filosóficos» que atraviesa Wagner en su búsqueda de sentido lo lleva de Kant a Hegel y Feuerbach hasta llegar a su redentor Arthur Schopenhauer. En su autobiografía *Mein Leben* describe detalladamente este camino desde el primer rechazo de la doctrina de Schopenhauer hasta su afirmación incondicional y la identificación con la propia obra. «Su idea principal», escribe a Franz Liszt en una carta del 16 de septiembre de 1854, «la infinita negación de la voluntad de vivir, es terriblemente grave, pero la única redentora. Por supuesto, no me resultó algo nuevo y nadie puede siquiera pensarla si antes no la ha experimentado. Pero este filósofo fue el primero que me despertó a esta claridad»[30]. Arthur Hübscher, especialista en Schopenhauer, describe el rápido paso de la afirmación del mundo y la alegría de los sentidos feuerbachianos hasta la

---

[27] F. NIETZSCHE, *La filosofía en la época trágica de los griegos*, § 3, KSA 1, p. 817.

[28] Rüdiger SAFRANSKI, *op. cit.*, pp. 131-2.

[29] F. NIETZSCHE, *Richard Wagner en Bayreuth*, § 3, KSA 1, p. 445.

[30] Richard WAGNER, *Mein Leben*, vol. 2, Dieterichsche Verlagsbuchandlung, Leipzig, 1958, p. 101.

negación del mundo y la glorificación de la compasión pero también corrige la extendida opinión de que los textos operísticos posteriores tan solo son adaptaciones de ideas de schopenhauerianas. Más bien, se da una coincidencia interna entre el filósofo y los dioses y héroes wagnerianos en su camino hacia el descubrimiento de sí mismos, como muestran desde el pesimista Wotan a la perspicaz Brünnhilde o desde el beso de Kundry hasta Parsifal, «el que comprende al mundo». La encarnación de una figura de Schopenhauer la representa, sin embargo, el poeta-zapatero Hans Sachs en su renuncia a Eva y en el «monólogo de la locura» del tercer acto.

> El hecho es que los *Meistersinger* de Wagner no son un modelo para el nacionalismo o el chovinismo. La auténtica grandeza, la esencia de la obra radica en otro lugar: en la profunda melancolía del zapatero y filósofo Hans Sachs. Con su pesimismo de viejo y finalmente incluso alegre, Sachs reconoce la vanidad y las ilusiones de la vida incluso en el bullicio más colorido y ruidoso del hombre: en sus fiestas populares[31].

---

[31] Wolfgang SCHREIBER, *Geniale Frechheit gegen starre Regeln*, Deutschlandfunk Archiv Kalenderblatt 21. 06. 2018.

Carl Lejdström como Hans Sachs en una representación
en la Ópera Real de Estocolmo (1900).
Fotógrafo: Herman Hamnqvist.

La introducción al tercer acto presenta la decisiva transición sinfónica desde el bullicioso e intrigante hasta el reflexivo Sachs. En su carta de 1868 a Judith Gautier, Wagner describe pormenorizadamente los detalles instrumentales de esta introducción y el efecto –incluso para él mismo– sorprendente sobre el público de su ópera. Por supuesto, el creciente carácter sinfónico del elemento dramático en Wagner se debe, principalmente, a la influencia de Ludwig van Beethoven. Pero un estímulo esencial para la figura de Sachs, el certamen de cantores, la fiesta popular y la desfiguración de la canción del premio procede, sin embargo, de la ópera cómica de 1840 de Albert Lortzing *Hans Sachs*; también su *Waffenschmied*, con su romanticismo de caballeros y artesanos, proporciona el marco básico para los *Meistersinger*. Además, es de nuevo el «inteligente y sabio» van Bett de la ópera

50

Zar und Zimmermann quien proporciona al Maestro de Bayreuth de manera ingeniosa la clave para el sentido de las secciones orquestales. Durante el ensayo de la cantata para el festival en honor del zar Pedro, el coro canta accidentalmente durante el interludio y es el experto alcalde quien los instruye:

VAN BETT
    Es –os lo estoy diciendo– solo una reflexión instrumental.
CORO
    ¡Ajá! Es solo una reflexión.

La alta proporción del elemento sinfónico no solo refuerza el carácter épico de la obra wagneriana, sino que también favorece la alta proporción de momentos reflexivos dentro de las propias óperas. De esta manera, gracias al tercer preludio de los *Meistersinger*, de los anodinos entreactos de la anterior *Spieloper* surgen el *intermezzo sinfónico* que confiere tanto a la ópera francesa como al melodrama italiano su respectiva profundidad.

El Nietzsche apóstata de Wagner adoptará más tarde, en su absoluto rechazo de toda metafísica artística, una visión crítica del schopenhauerismo wagneriano y de la religión del arte que surgió a raíz de aquel y que le parecía inauténtico.

> El arte de Wagner es alado y trascendental, ¿qué podría hacer con él nuestra alemana bajeza? Tiene una especie de huida de este mundo, lo niega, no transfigura este mundo. {…} A la moribunda religión le quita una parte de su fuerza. De ahí el vínculo entre Wagner y Schopenhauer. Evidencia que quizá pronto la cultura solo existirá bajo la forma de sectas monásticas y retiradas que rechazan el mundo[32].

---

[32] Friedrich NIETZSCHE, *Fragmentos póstumos*, 32 [44], comienzos de 1874 – primavera de 1874, KSA 7, p. 767.

WOLF, PFITZNER, STRAUSS Y PUCCINI

Muchos compositores, sobre todo los músicos de la Nueva Escuela Alemana, siguen la corriente del drama musical y del mundo de ideas wagneriano. Por ejemplo, Hugo Wolf es, a pesar de su fijación en el *Lied*, un entusiasta wagneriano que no tarda en darse cuenta de que la esclava imitación del estilo wagneriano solo puede fosilizarse en inanes gestos imitativos. Ya el hecho de desviarse hacia la comedia representa en su caso cierto abandono de los principios del drama musical: «en resumen, en una ópera cómica, y es más, en una ópera cómica de lo más habitual, sin el trasfondo del fantasma sombrío y redentor del mundo de un filósofo schopenhaueriano»[33]. La afirmación de Wolf parece un comentario negativo sobre el Wotan de Wagner, pero también sobre el «monólogo de la locura» de Hans Sachs. Y, así, en el trasfondo de su única ópera, *Der Corregidor*, aparece, a través de la elección del tema español y de la atmósfera cercana a *Carmen*, la influencia, como mentor estilístico, de su venerado Nietzsche. Por otra parte, el ejemplo de los *Meistersinger* es irrefutable. Se muestra tanto en la técnica del *Leitmotiv* como en el carácter reflexivo del Tío Lucas y en el largo preludio del cuarto

---

[33] Carta de Hugo Wolf a Oskar Grohe con fecha del 28 de junio de 1890. Hugo WOLF, *Briefe I (1873-1891)*, ed. Leopold Spitzer, Musikwissenschaftlicher Verlag, Viena, 2010 p. 380.

acto que, en contraste con la anterior música de comedia, ofrece una notable dimensión de profundidad.

En su ensayo sobre Franz Schreker, el musicólogo Paul Bekker se explaya sobre el comportamiento imitativo de la ópera de héroes (*Heldenoper*) y de la ópera de cuentos de hadas (*Märchenoper*) poswagnerianas alrededor de 1900:

> Aferrándose a los aspectos superficiales del tema, a la estructuración del texto y la dicción musical surgen óperas teutónicas de héroes y dioses con tablas de *Leitmotiv* y sobrecarga filosófica. [...] Ambos géneros, la ópera de dioses y héroes y la de cuentos de hadas, manteniendo la dicción lingüística y musical de Wagner, estaban íntimamente ligadas al elemento especulativo e ideal de su obra e intentaban, al mismo tiempo, expandirla hasta convertirla en un sistema estético[34].

Hans Pfitzner hace eso de la manera más sistemática y consecuente en sus óperas *Der arme Heinrich, Die Rose vom Liebesgarten* y *Palestrina*: el drama de ideas se convierte para él en un principio. Especialmente grotesca resulta la burda imitación de las enseñanzas filosóficas de Wagner en la ópera *Ilsebill*, de Friedrich Klose, basada en el cuento de hadas –escrito en bajo alemán– de Philipp Otto Runges: *Vom Fischer un syner Fru*. El «Buttje, Buttje in de See» (el «niño, niño en el lago»), como un enorme siluro, anuncia aquí, con el patetismo de la diosa Erda, el comienzo y el fin del mundo. Y en su hexalogía *Homerische Welt*, el renano August Bungert vuelve, con su tono germánico, al origen griego de la ópera. Sobre *Palestrina* de Pfitzner observa Bekker:

---

[34] Paul BEKKER *Franz Schreker. Studie zur Kritik der modernen Oper*, en *Neue Musik*, vol. 3, DVA, Stuttgart/Berlín, 1923, p. 42.

Alrededor de una única escena verdaderamente teatral y adaptada a la escena construye un todo que no tiene unidad ni como acción ni como suceso escénico, sino que surge a partir de una idea especulativa. El drama como acontecimiento escénico queda superado; la acción, desdramatizada y el conocimiento filosófico se convierten en el eje de una obra de teatro[35].

En el afán de sentar cátedra y sermonear, las cosas se ponen «patas arriba». Respecto al contenido, esto significa que la ópera se vuelve contra sí misma. Palestrina, el protagonista de la ópera de Pfitzner, rechaza, lógicamente, el *stile rappresentativo* de la época como enemigo de su propia y compleja polifonía. Este nuevo estilo queda personificado aquí a través de Silla, el discípulo de Pierluigi. Con su típica testarudez, Pfitzner se vuelve, a sabiendas, contra el origen griego de la ópera como la forma que él mismo emplea en el período romántico tardío. Pero Pfitzner denomina a su obra, con toda la intención, «leyenda», y con esto da a entender que el romántico acto de inspiración –los ángeles le dictan al maestro Pierluigi la *Missa Papae Marcelli*– no puede realizarse sino de una forma alejada de lo teatral y completamente interiorizada. Para acentuar la herencia intelectual de Wagner, Pfitzner introduce su obra con el conocido lema de Schopenhauer:

Esa vida intelectual flota como un suplemento etéreo, como un fragante vapor originado por la fermentación, por encima de la actividad del mundo, de la vida real de los pueblos dirigida por la *voluntad*; y junto a la historia mundial marcha,

---

[35] *Ibid.*, p. 43.

54

inocente y sin mancha de sangre, la historia de la filosofía, de las ciencias y de las artes.[36]

El wagneriano Richard Strauss se apoya intelectualmente en Max Stirner, Schopenhauer y, especialmente, Nietzsche. En su viaje a Egipto, sin embargo, el joven se da cuenta cada vez más de que la negación de la voluntad no es lo suyo: «Afirmo conscientemente, esa es mi felicidad»[37]. Su rechazo del cristianismo lleva a Strauss a la relectura de Nietzsche. El poema sinfónico *Also sprach Zarathustra* es filosofía puesta en música que, en los orígenes de la ópera, se transfiere a los protagonistas. La concepción intelectual primaria de la música de Strauss se refleja ya en la afirmación de que las melodías de Mozart se podrían comparar con las ideas platónicas y, respecto de estas –siguiendo, así, el símil de la caverna– los cantantes solo representarían sombras. Con la ética correspondiente, su ópera prima, *Guntram*, culmina con la frase «Mi vida determina la ley de mi espíritu, mi Dios me habla a través de mí»[38]. El siguiente paso hacia un individualismo *à la* Nietzsche lo representa el sermón de Kunrad a los filisteos muniqueses en *Feuersnot*.

Más tarde, con la colaboración de su libretista Hugo von Hofmannsthal, Strauss también hace que las mujeres «filosofen»; también aquí preparó Wagner el camino con sabios personajes femeninos como Erda, su hija Brünnhilde y Kundry. En Strauss, este papel lo representan la Mariscala en su famoso

---

[36] Arthur SCHOPENHAUER, *Parerga y Paralipómena II*, trad. Pilar López de Santa María, Trotta, Madrid, 2013, capítulo 3, «Pensamientos concernientes al intelecto en general y en todos los respectos», § 52, p. 102.

[37] Willi SCHUH, *Richard Strauss. Jugend und frühe Meisterjahre*, Atlantis Verlag, Zúrich, 1976, p. 319.

[38] *Ibid.*, p. 302.

monólogo «El tiempo, esa cosa tan extraña» del primer acto de la ópera *Der Rosenkavalier*; la protagonista de la ópera homónima *Arabella* en sus profundas reflexiones sobre «lo correcto» en un futuro incierto; la protagonista de la ópera *Ariadne auf Naxos* en sus pensamientos sobre «lo que fue», sobre el pasado; la bella Dánae, para asombro de su padre Zeus, llega incluso a vencer la codicia de oro y se entrega a la pobreza; y, finalmente, en la pieza de conversación *Capriccio*, la condesa emite el último juicio sobre el predominio de la palabra o la música en la ópera.

Lotte Lehmann, en el papel de La Mariscala, en la portada de la revista *Time* (18.2.1935).

56

También en las obras de Giacomo Puccini, que se encuentran entre lo más destacado del negocio internacional de la ópera, aparecen, tras la pasión y el sentimiento, momentos reflexivos. Por ejemplo, Gianni Schicchi, el astuto cazador de herencias, al final del primer acto descubre su origen literario en el Infierno de la *Divina comedia* de Dante. Y en la popularísima *La bohème* aparece un auténtico pensador cantando

> Gustav Colline, el gran filósofo, Marcel, el gran pintor, Rodolfo, el gran poeta y Schaunard, el gran músico —así suelen llamarse entre sí– frecuentan el café Momus, donde se les llama «Los cuatro mosqueteros» porqué son inseparables[39].

De nuevo, otro filósofo poco serio, de esos que necesita la ópera y que se corresponde con esa actitud italiana ante la vida que siempre infunde un poco de miedo a los profundos –y alejados de la vida– pensadores de origen alemán. En el cuarteto de los cuatro bohemios, Colline se caracteriza por una ecuanimidad pasiva y por sus sentencias esporádicas. En la turbulenta escena del Barrio Latino, en el segundo acto de *La bohème*, hace un comentario sobre el ajetreo de la multitud en el que recuerda a Horacio: «*Odio il profano volgo, al par d'Orazio*». Puccini sumerge este irónico gesto de desprecio por el populacho en una frase *slow-walz* cuya intimidad se eleva sobre el agitado bullicio navideño. Más importante que la cita de Horacio es el aria de Colline cuando, envuelto en su capa, abandona el escenario en el cuarto acto para reunir los últimos céntimos con los que poder salvar a Mimi. Solo un pensador es capaz de convertir un objeto como un viejo capote en el símbolo de una capa protectora

---

[39] Henry Murger, *Zigeunerleben. Szenen aus dem pariser Literaten- und Künstlerleben*, trad. alemana de Robert Habs, Reclam, Leipzig, s. a., p. 175.

para los *clochards* de este mundo: «Nunca inclinaste tu miserable espalda ante los ricos y poderosos. Filósofos y poetas frecuentaban tus bolsillos como si fuesen apacibles cuevas». La música de Puccini subraya con lacrimógena sentimentalidad la visión del mendigo sabio y su gesto de impotencia ante la muerte.

LA MUERTE DE SÓCRATES

Y ahora regresamos a Sócrates. A su glorificación contribuye, sobre todo, la digna muerte que el sabio, sometiéndose al veredicto de los atenienses, acepta en compañía de sus discípulos. El filósofo vitalista Nietzsche, por el contrario, no ve en este Sócrates moribundo a un alegre mártir, sino a un pesimista:

> Fuese la muerte o el veneno o la piedad o la maldad, en ese momento algo le soltó la lengua y dijo: «¡Oh, Critón, le debo un gallo a Asclepio!». Estas risibles y terribles «últimas palabras» significan, para quien tenga oídos: «¡Oh, Critón, *la vida es una enfermedad*!». ¡¿Es posible?! Un hombre como él, que ha vivido alegre y ante la mirada de todos como un soldado — ¡era un pesimista! ¡Sócrates, Sócrates había sufrido *por la vida*![40]

---

[40] Friedrich NIETZSCHE, *La gaya ciencia*, § 340, KSA 3, p. 569.

59

Jacques-Louis David, *La muerte de Sócrates* (1787).

El compositor francés Erik Satie entiende esa famosa frase de manera diferente. En su drama sinfónico *Socrate*, celebra la muerte del filósofo con el gesto heroico de la proclamación. Sin embargo, este heroísmo se vincula con un estilo cuya lapidaria sequedad parece dar la razón de manera indirecta a la tesis de Nietzsche sobre el Sócrates negador de la vida. Hans Heinrich Stuckenschmidt, no obstante, percibe en la escena de la muerte un «hálito de genuina emoción» e interpreta la «muy francesa capacidad [de Satie] para hablar de manera alegre sobre las cosas más serias» como una «cualidad muy socrática»[41].

Otra obra de música dramática moderna describe el ocaso de la democracia helena tras la victoria de Esparta sobre Atenas en la Guerra del Peloponeso. En 1955 se estrenó en Hamburgo la ópera dodecafónica de Ernst Krenek *Pallas Athene weint*, en la que la diosa de la sabiduría derrama amargas lágrimas por la

---

[41] Hans Heinz STUCKENSCHMIDT, *Schöpfer der neuen Musik*, dtv, Múnich, 1962, p. 36.

60

muerte de Sócrates, que precede a la pronta caída de la orgullosa polis. Ni que decir tiene que la aporía y el sabio conocimiento de sí mismo de Sócrates debió de chocar con el marcial sentido del orden de Agis, el rey de Esparta ávido de poder. Igual de impotente aparece la dialéctica socrática en vista de las intrigas políticas de sus discípulos Alcibíades, Meleto y Metón. Encontramos aquí una constelación análoga a la escena entre el estoico Séneca y el poderoso Nerón en la ópera *L 'Incoronazione di Poppea*. Esto no es una coincidencia, pues Krenek ya había trabajado intensivamente con la obra de Monteverdi: la había traducido y hecho accesible a la práctica escénica. En su *Pallas Athene*, combina de forma única su propia austeridad sonora con un *espressivo* vocal y una dramaturgia conscientemente inspirada en Monteverdi. Así se cierra el círculo de los filósofos cantores: el humanista Séneca y el atonal Sócrates se dan la mano por encima de los siglos.

LA ARMONÍA DEL MUNDO

De otra forma, pero con idéntica intención, Paul Hindemith se vincula con el conflicto entre el césar Nerón y el filósofo Séneca en la ópera de Monteverdi, el conflicto entre la vida activa y la vida contemplativa. En su última obra importante, *Die Harmonie der Welt*, que constituye un monumento sonoro al *Harmonices mundi* de Johannes Kepler, encontramos una discusión entre Wallenstein y el astrólogo y filósofo Kepler. El general y hombre de acción está frente al hombre de espíritu y visionario. Según Hindemith, Wallenstein no es la figura de un enemigo, sino que representa un principio opuesto y complementario. En el cuarto acto de la ópera, Kepler y Wallenstein se encuentran en Praga. Kepler muestra reservas incluso respecto de las interpretaciones y las predicciones del horóscopo.

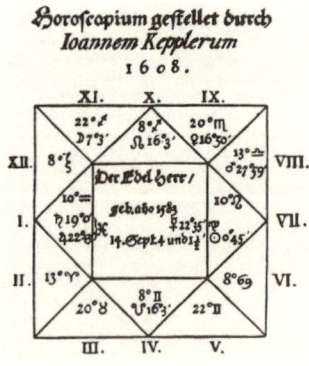

Horóscopo de Kepler para Wallenstein.

62

Wallenstein, por su parte, queda profundamente impresionado por el *Harmonices Mundi* pero quiere extrapolar los conocimientos de ese libro en el sentido de una simple causalidad a la realidad humana y, esto, a su favor, es decir, quiere convertirse en quien dirija el mundo para crear un cielo en la tierra a través de cálculos precisos. Hindemith hace que la disputa entre el teórico Kepler y el práctico Wallenstein termine con un monólogo del mefistofélico Tansur, quien predice la traición a Wallenstein por parte de Seni, el astrólogo de la corte: «Y, entonces, conquistan el mundo». El Tansur de Hindemith alude claramente a la burla de los dioses por parte de Loge al final del wagneriano *Rheingold*: «Corren hacia su fin...».

Según las propias palabras de Hindemith, la ópera representa «el intento de reconocer la armonía del mundo y de entender la música como su símil sonoro»[42].

En *Harmonices Mundi*, el mismo Kepler distingue entre armonías sensoriales y puras. Las sensoriales no solo aparecen en la música sino que también se materializan en el hecho de que los rayos de dos planetas forman ángulos en la Tierra que aparecen en polígonos geométricamente complejos. Pero lo armonioso no se adhiere a las cosas materiales como tales, pues la armonía es una relación. Para Kepler, detectar una proporción armoniosa en las cosas materiales significa, por lo tanto, descubrir, captar y sacar a la luz la similitud de la proporción en las cosas materiales con un arquetipo específico de una armonía real y verdadera que existe en el interior del espíritu. Se está moviendo, pues, en la tradición de la teoría de las ideas platónica y de la anamnesis, la reminiscencia socrática. De igual manera que las cosas con las que nos encontramos en el mundo hacen que recordemos lo

---

[42] Giselher SCHUBERT, texto de presentación de la grabación *The Harmony of the World*, Wergo Schott Music, 2002, p. 17.

que ya sabíamos, también las formas matemáticas que percibimos hacen que salgan las inteligibles que ya existían en nuestro interior. Sin entrar aquí en más detalles, Paul Hindemith trasladó de manera impactante los aspectos filosóficos de la armonía de Kepler a la biografía de este: la muerte de su primera mujer y de su hija Katharina motivó que Kepler terminase su obra.

FRIEDRICH NIETZSCHE Y WALTER BENJAMIN
COMO PROTAGONISTAS OPERÍSTICOS

> Nada distingue tanto al hombre antiguo del hombre moderno como su devoción por una experiencia cósmica que el hombre posterior apenas conoce. Su hundimiento ya se anuncia en el apogeo de la astronomía a principios de la Edad Moderna. Sin duda, Kepler, Copérnico y Tycho de Brahe no siguieron tan solo impulsos científicos. Sin embargo, el énfasis exclusivo en un vínculo óptico con el universo, al que muy pronto condujo la astronomía, es una señal de lo que estaba por venir.

Este texto sería una buena paráfrasis de la ópera de Kepler. Se encuentra en *Einbahnstrasse*, un libro de aforismos de Walter Benjamin, y se titula «Zum Plantearium»[43]. Giselher Schubert, estudioso de Hindemith, señala la analogía entre el mensaje central de *Die Harmonie der Welt* y el aforismo de Benjamin.

Con hábito blanco y aspecto de intelectual europeo, el autor de *Der Ursprung des deutschen Trauerspiels* aparece sobre el escenario operístico. A través de siete estaciones del viacrucis del protagonista, el compositor Peter Ruzicka y la directora de escena y libretista Yona Kim se centran en la huida de Benjamin de los nacionalsocialistas y en su suicidio en 1940 en el pueblo fronterizo español de Portbou. A pesar del árido tema, esta es ya

---

[43] Walter BENJAMIN, *Einbahnstrasse*, Ernst Rowohlt Verlag, Berlín, 1928, pp. 80-1.

65

la cuarta vez que se pone en música la biografía del gran crítico de la cultura.

Con seriedad y sin la más mínima intención paródica, el moderno teatro musical también se ocupa de la vida de Friedrich Nietzsche: la tragedia del filósofo-filólogo no reconocido durante su vida lúcida, oscila aquí desde el punto de partida de auténtica grandeza hasta la megalomanía de la fase final en Turín pasando por los altibajos de su vida de pensador solitario. *Dionysos*, la «fantasía operística» de Wolfgang Rihm a partir de los *Ditirambos de Dioniso* de Nietzsche, cubre el radio que abarca a Zaratustra, al superhombre, al afirmador de la vida y al frágil fracasado. Todas y cada una de las palabras del libreto son del propio Nietzsche. En la música hay evidentes ecos straussianos, referencias a *Der Rosenkavalier* y al *Rheingold* de Wagner y utilería de *Die Zauberflöte*. Un caleidoscopio del Festival de Salzburgo y, al mismo tiempo, un monumento a Nietzsche que con la «muerte del hombre ingenioso» quiere ser complemento y contraste de la «muerte del hombre rico» en el misterio de Hofmannsthal *Jedermann*.

También la ópera *Lou Salomé*, de Giuseppe Sinopoli a partir de un texto de Karl-Dietrich Gräwe, está dedicada al amante desdichado y antípoda de Wagner. Inmersa en visiones zaratustrianas, la relación entre Lou y Nietzsche –que va del amor y la loca exaltación hasta el dolor de la separación– concluye con una apoteosis espiritual en su subida al Monte Sacro. La música de Sinopoli combina una voluptuosa atmósfera finisecular de tonos grises mahlerianos con ecos de la Segunda Escuela de Viena y de Bruno Maderna. Al igual que *Benjamin* de Ruzicka, *Lou Salomé* presenta un teatro de estaciones que captura varios momentos de la vida de Lou con sus amigos Nietzsche, Rée, Freud y Rilke.

Lou Salomé, Paul Rée y Friedrich Nietzsche.

En cuanto al regreso de lo dionisíaco al teatro musical prescindiendo de Wagner –incluso más bien contra él–, este tuvo lugar, también en Salzburgo, décadas antes del *Dionysos* de Rihm bajo la forma de la ópera seria *Die Bassariden* de Hans Werner Henze a partir de la tragedia *Las bacantes* de Eurípides. El propio compositor llama al doble mundo sonoro de su ópera un «*Dies rae* de los dioses, una *Lacrimosa* de Eros», y añade:

> Había poco peligro de que en las *Bassariden* emplease las técnicas de composición wagnerianas. […] La obra se basa en una estructura sinfónica de cuatro partes que mantiene unido musical y formalmente el gran conflicto de nuestro

drama humano. En mi partitura intenté mostrar cómo el material sonoro del dios Dioniso destruye lenta, seductora, astuta y, al final, extremadamente violenta el casto mundo sonoro de Penteo: primero lo socava, luego lo mina y al final, literalmente, lo hace saltar por los aires[44].

---

[44] Hans Werner HENZE, *Reiselieder mit böhmischen Quinten. Autobiographische Mitteilungen 1926-1995*, Fischer, Fráncfort del Meno, 2001, p. 255.

EPÍLOGO

Ernst Krenek: *Pallas Athene weint*, Paul Hindemith: *Die Harmonie der Welt*, Wolfgang Rihm: *Dionysos*, Peter Ruzicka: *Benjamin*. Cuatro ejemplos modernos de filósofos en la ópera que ahora, completamente despojados de su comicidad barroca, se convierten en protagonistas. Su proverbial carácter ajeno al mundo ya no es ahora motivo de burla, ni siquiera de risa, como en la ópera del Barroco y el Clasicismo temprano, sino que se convierte en objeto de la tragedia, en expresión del choque de esferas irreconciliables. Estas cuatro obras reivindican una cierta urgencia por erigir monumentos póstumos a sus reflexivos protagonistas: Krenek, con el ocaso de la filosofía griega; Hindemith, con el gesto especulativo de finales de la Edad Media de reconciliación de una armonía cósmica; Rihm y Sinopoli, con la acentuación de aspectos biográficos e intelectuales sobre los más significativos representantes de la filosofía de la cultura de nuestra época, y Ruzicka, con la balada sobre el destino del pensador y crítico de la cultura obligado a emigrar.

Parece como si el teatro musical alemán –al menos cuando coloca en su centro a los creadores de ideas y a los representantes de temas intelectuales– paso a paso regresara al «árido desierto» de sus comienzos. Después del absurdo zumbón, la ópera se encuentra de regreso en los prosaicos campos de una sobria monodia; después de la polifonía de lo irracional, se sumerge en la objetiva monofonía de una razón que desespera de la existencia;

después de la sensualidad, emprende una búsqueda de sentido en medio de un presente vacío de sentido.

En cualquier caso, resulta llamativo el hecho de que la dinámica contraposición *vita activa – vita contemplativa* desde Monteverdi hasta la Modernidad recorra, como hilo conductor y *topos* firme, el teatro musical. Sin embargo, el equilibrio entre una actitud contemplativa y la acción, que tan brillantemente exploraron Mozart y Wagner, no siempre funciona bien. Si ante la fundación del Festival de Salzburgo Hofmannsthal todavía habla de una mezcla de animada teatralidad y contenido intelectual, más tarde la intención pasa cada vez más de la acción al discurso sonoro. Una tendencia que ya se anticipa en la pieza de conversación *Capriccio* de Strauss. Consciente de una cierta falta de magia teatral, Rihm explica basándose en su fantasía *Dionysos*: «Creo que el teatro musical necesita más *Zauberflöte*. Mas invención teatral. Aparición repentina de guardias. Niebla. Una serpiente. Tres damas. ¡Esto es la ópera! Y la ópera encuentra sus posibilidades en situaciones que no son cotidianas»[45]. Mientras Hindemith y Krenek todavía utilizan su estilo seco y quebradizo para representar procesos intelectuales, Rihm, Sinopoli e incluso Ruzicka intentan hacer más comprensibles contenidos complejos a través de una sensualidad sonora.

Tanto los representantes de la vieja como de la joven modernidad parecen coincidir en poner el foco en los pensadores como protagonistas. Los filósofos no solo preservan cierta altura estilística que caracteriza a la ópera, sino que también revelan la dimensión más profunda que se esconde detrás de la obra. La presencia del que piensa garantiza, por así decirlo, la existencia del que canta. Y desde el Barroco hasta Brecht y Weill, pasando

---

[45] W. Rihm en una entrevista con Max Nyffeler [https://de.wikipedia.org/wiki/Dionysos_(Oper)].

70

por Mozart, los *dramatis personae* salen de detrás de sus máscaras y, en máximas, proclaman su sabiduría, *l'antichissima canzon*. Ruggiero Leoncavallo también demuestras saberlo cuando en el famoso prólogo de su ópera *Pagliacci* hace que Tonio, disfrazado de Taddeo, se dirija «muy en serio» a su público y cante:

¡Oh, los cuentos de hadas por sí solos
no son el propósito del arte,
también lo que ve realmente
lo describe el poeta: entonces
se gana el favor de la gente!

Enrico Caruso como Canio en *Pagliacci* (ca. 1904).

71

Este libro se publicó
en el mes de julio
del año 2024